Bei den Kindern, Eltern und Erzieherinnen der Kindergärten und Kindertagesstätten unseres Praxisrates, die uns bei der Erarbeitung dieser Geschichtensammlung beratend zur Seite standen, möchten wir uns an dieser Stelle herzlich bedanken.

Bibliografische Information der Deutschen Nationalbibliothek
Die Deutsche Nationalbibliothek verzeichnet diese Publikation
in der Deutschen Nationalbibliografie;
detaillierte bibliografische Daten sind im Internet
über http://dnb.d-nb.de abrufbar.

Das Wort **Duden** ist für den Verlag
Bibliographisches Institut GmbH als Marke geschützt.

Alle Rechte vorbehalten.
Nachdruck, auch auszugsweise, vorbehaltlich der Rechte,
die sich aus den Schranken des UrhG ergeben, nicht gestattet.

© Duden 2012 D C B A
Bibliographisches Institut GmbH
Dudenstraße 6, 68167 Mannheim
Redaktionelle Leitung: Katja Schüler
Lektorat: Anke Thiemann, Eva Günkinger
Fachberatung und Fragekästen: Sabine Schreiber, Logopädin
Herstellerische Leitung: Claudia Rönsch
Illustration Detektive: Barbara Scholz
Layout und Satz: Michelle Vollmer, Mainz
Umschlaggestaltung: Mischa Acker
Druck und Bindung: Drogowiec-Pl Sp. z o.o.
Printed in Poland
ISBN 978-3-411-80932-5

Gutenachtgeschichten zum Vorlesen

ab 4 Jahren

Beate Dölling und Didier Laget, Barbara Lehnerer, Karin Nowak, Henriette Wich

mit Bildern von Martina Badstuber, Carola Holland, Angela Holzmann, Iris Wewer

Dudenverlag
Mannheim · Zürich

Zuhören macht schlau …

… und es macht einfach Spaß. Es regt die Fantasie an, fördert die Konzentration und erweitert den Wortschatz. Deshalb ist Vorlesen so wichtig. Nichts ist schöner, als beim Geschichtenerzählen Aufmerksamkeit zu erfahren, Fragen stellen und von Selbsterlebtem erzählen zu können.

Ein Vorlesebuch der Marke Duden bietet aber noch mehr als altersgerechte Texte und anregende Illustrationen. Auf Seite 56 haben wir einige praktische Vorlesetipps für Sie zusammengestellt. Außerdem finden Sie auf den folgenden Seiten viele weitere, das aktive Zuhören und Vorlesen unterstützende Extras:

■ Farbige wörtliche Rede erleichtert es, die Geschichte lebendiger, zum Beispiel mit verstellter Stimme oder verteilten Rollen, vorzulesen.

 „Benni, drück den grünen Startschalter."
Benni drückt auf einen gelben Knopf.
 „Alles klar!"

■ Inhaltsverzeichnis für Kinder:
So kann Ihr Kind selbst bestimmen, welche Geschichte es als nächste hören will.  **Eine Nacht im Zirkus** 32

■ Anregende Fragen: Die in den Text eingeklinkten blauen Kästen enthalten konkrete Fragen zur Geschichte, trainieren Textverständnis und Konzentration. Weiterführende Fragen regen zum Erzählen, Beschreiben und Weitererzählen an. Diese Kästen verstehen sich als offenes Angebot. Wie und ob Sie diese Fragen einbinden, bleibt Ihnen überlassen.

Vielleicht lesen Sie die Geschichte zunächst einmal komplett vor und bauen die Fragen erst beim nächsten Lesen ein. Oder Sie lassen sich von den Vorschlägen zu anderen Fragen inspirieren, die auf die Situation Ihres Kindes noch besser zutreffen.

Hast du eine Idee, wo Gwendolina ist?

■ **Die ganze Geschichte in einem Bild:** Bei manchen Geschichten folgt im Anschluss an den Text eine Seite, auf der die komplette Handlung noch einmal in einem einzigen Bild zusammengefasst wird. So kann das Kind die Geschichte nacherzählen bzw. selbst noch einmal „vorlesen".

… und Zuhören beruhigt!

Einschlafzeit ist Geschichtenzeit. Mit Mama oder Papa kuscheln, zuhören und dann langsam ins Land der Träume hinübergleiten: So sieht die ideale Einschlafsituation aus. Ganz so leicht ist es aber nicht immer. Viele Kinder wollen nicht einschlafen, weil sie fürchten, etwas zu verpassen. Sie können nicht einschlafen, weil sie „überhaupt nicht müde" sind oder weil sie Angst im Dunkeln haben. Da ist es schön zu hören, dass sie mit diesen Problemen nicht allein sind, dass es den Kindern in den Geschichten ganz ähnlich geht. Und besonders interessant ist es natürlich, wie die Figuren in den Geschichten mit ihren nächtlichen Sorgen und Ängsten umgehen. So werden Gesprächsanlässe geschaffen, um über die eigenen Einschlafprobleme zu reden. Und vielleicht ist sogar die eine oder andere Idee dabei, die zu einer eigenen Lösung anregt.

Viel Spaß beim Vorlesen und Zuhören!
Die Kinder- und Jugendbuchredaktion des Dudenverlags

Diese Geschichten kannst du dir vorlesen lassen:
Inhaltsverzeichnis

Häuptling Donnervogel schläft draußen   6
von Karin Nowak, illustriert von Iris Wewer
Vom Mut, den eigenen Kopf durchzusetzen – auch nachts

Im Land der süßen Träume   12
von Barbara Lehnerer, illustriert von Angela Holzmann
Von kreativen Lösungen für lästige Einschlafprobleme

Juri im Weltall   18
von Henriette Wich, illustriert von Martina Badstuber
Von Fantasiereisen und Gutenachtritualen

Der kleine Bär bleibt wach   26
von Karin Nowak, illustriert von Angela Holzmann
Von der Angst, beim Schlafen etwas zu verpassen

Eine Nacht im Zirkus 32
von Karin Nowak, illustriert von Iris Wewer
Von vielerlei Tricks, die beim Einschlafen helfen

Monster – gibt es nicht! 38
von Beate Dölling und Didier Laget, illustriert von Carola Holland
Von der Angst im Dunkeln und davon, wie man sie überwindet

Meuterei im Kinderzimmer 44
von Barbara Lehnerer, illustriert von Angela Holzmann
Von Nächten, in denen alles anders ist

Wettstreit der Lichtprinzessinnen 50
von Barbara Lehnerer, illustriert von Iris Wewer
Von Freud und Leid, beim Einschlafen nicht allein zu sein

Häuptling Donnervogel schläft draußen

Lukas ist allein mit seinem Vater. Sie spielen Indianer. Lukas ist der Häuptling und heißt Donnervogel, der Vater ist Kleiner Hase. Sie trommeln und singen: „Hukahaka, hukahaka, hukahakahuuu …" Dann tanzen sie um den Baum herum und bitten ihn in Indianersprache um zwei Äste. Daraus schnitzt sich jeder einen Speer. Dabei sitzen sie im Gras und Kleiner Hase erzählt von der Prärie, die so weit ist bis zum Himmel.

„Ich brauche ein Pferd", sagt Donnervogel.

Sie holen Omas alte Sofarollen aus dem Keller und bauen damit ein Pferd.

„Es soll Brausender Wind heißen", sagt Donnervogel und will gleich losreiten.

Aber Kleiner Hase hält ihn zurück.

„Kein Indianer reitet ohne ein Medewiwin."

„Ein Medewiwin?"

„Ein Medewiwin ist ein Schutzbeutel. Er beschützt dich vor Krankheiten."

Das gefällt Donnervogel. Kleiner Hase holt das feine, weiche Fensterleder und schneidet eine Ecke heraus. Donnervogel findet im Beet ein gestreiftes Schneckenhaus, Rosmarinnadeln und Lavendelblüten. Das alles schnüren sie im Leder zusammen und knoten eine Feder von Omas Kanarienvogel daran.

Glaubst du, dass ein Medewiwin jemanden beschützen kann? Was für Kleidung und Schmuck tragen Indianer sonst noch?

„Ein sehr schönes Medewiwin!", findet Kleiner Hase und bindet es dem Häuptling um den Hals. Endlich kann Donnervogel auf sein Pferd steigen. Kleiner Hase klatscht Brausender Wind auf den Po und huiiiii galoppiert Häuptling Donnervogel davon. Er reitet durch den Wald, über die Prärie bis hin zum Horizont. Erst als es Abend wird, kommt er zurück. Kleiner Hase hat schon ein Feuer gemacht. Sie grillen Stockbrot an ihren geschnitzten Stecken. Lange sitzen sie da. Als es dunkel ist und nur noch Glut in der Asche glimmt, sagt der Vater: „Das war ein schöner Tag. Es ist spät. Du musst jetzt ins Bett, Lukas."
„Indianer schlafen im Zelt."
„Aber wir haben kein Zelt."

Lukas nimmt die Satteldecke vom Pferderücken. „Dann schlafe ich unter dem Busch."
„Da sind Ameisen", sagt der Vater.
Lukas sagt nichts und setzt sich unter die Zweige.
„Komm ins Haus", bettelt der Vater. „Du darfst auch auf meinem Laptop spielen."
„Donnervogel lässt sein Pferd nicht allein", sagt Lukas.
„Wir müssen das Pferd sowieso abbauen. Es regnet bestimmt gleich. Dann wird es kalt und du wirst krank."
„Werd ich nicht. Ich hab mein Medewiwin. Hugh!"
Donnervogel hüllt sich in die Decke und dreht sich um. Er hört, dass Kleiner Hase ins Haus geht. Wie ruhig es auf einmal ist! Er schaut zu den Sternen. Die Wolken sausen wie dicke Putzlappen über den Himmel.

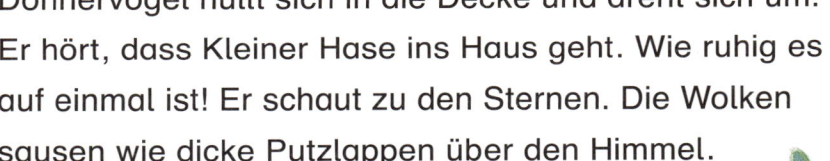

Glaubst du, Donnervogel wird wirklich die ganze Nacht draußen bleiben? Würdest du dich das trauen?

„Autsch!" Etwas beißt Donnervogel ins Bein. Ameisen! Er jagt sie fort, aber sie kommen wieder. Er tut Spucke auf die juckenden Stellen und sieht Kleiner Hase am erleuchteten Fenster hinter der Gardine. Jetzt braust auch noch der Wind, und die Blätter über ihm beginnen zu rauschen. Als es anfängt zu nieseln, zieht Donnervogel die Decke fester um sich. Sein Kinn fühlt das weiche Medewiwinleder. Eine Katze schleicht herbei. „Miau", macht sie und hüpft auf seinen Bauch. Plötzlich knackst es hinter ihnen im Gebüsch. Jemand schnüffelt an Donnervogels Hals. Aber es ist nur der Nachbarshund. Als er die Katze entdeckt, bellt er. Sie springt davon und er saust hinterher. Dann ist wieder Ruhe im Garten. Bis dicke Tropfen herunterplatschen und die Glut in der Feuerstelle löschen. Es qualmt und Donnervogel muss husten.

„Bist du noch da?", hört er Kleiner Hase aus dem Fenster rufen. „Ich kann dich nicht sehen." Jetzt schüttet es richtig. Selbst unter seinem Busch wird Donnervogel ganz nass. Er friert und macht sich ganz klein. Auch Brausender Wind ist zusammengesunken.
„Du si-si-siehst aus wie eine Ri-ri-riesen-qua-qualle", bibbert Donnervogel. „U-u-und ich bi-bi-bin klatschnass."
Aber das Medewiwin ist trocken und beschützt ihn. Durch den Tropfenvorhang sieht Donnervogel zum Fenster.
Kleiner Hase steht nicht mehr dort. Dafür klackt jetzt die Terrassentür.
„Ich kann nicht einschlafen. Niemand deckt mich mit einer mollig warmen Decke zu", ruft Kleiner Hase. „Außerdem bin ich so allein."
Donnervogel erhebt sich. „D-d-dann muss ich wohl zu d-d-dir kommen." Er schiebt den Brausewindhaufen unters Dach, wirft seine nassen Sachen dazu und hüpft nackig ins Haus.

Kleiner Hase trocknet ihm die Haare. Er rubbelt ihm den Rücken und die Füße warm und wickelt ihn in eine trockene Decke. Sie trinken Kräutertee und kullern von der Ofenbank auf das Bärenfelllager, das Kleiner Hase gebaut hat. Dann ziehen sie das mollige Schaffell über sich.
„Gut, dass du hier bist", flüstert Kleiner Hase.
„Finde ich auch", murmelt Donnervogel. Er legt seinen Kopf auf den Bauch von Kleiner Hase und schlingt die Arme um seinen Papa. Und schon ist er eingeschlafen.

Hast du schon mal unter freiem Himmel geschlafen?
Wie hat dir das gefallen? Welche Geräusche hast du gehört?
Warum geht Lukas/Donnervogel schließlich doch ins Haus?

Im Land der süßen Träume

Jeden Abend liegt Gwendolina in ihrem Bett im Kinderzimmer und langweilt sich.

„Du langweilst dich? Beim Einschlafen?" Gwendolinas Mama lacht.

Gwendolina ballt die Fäuste. Sie findet Mama gemein.

„Ich kann dir doch mal wieder eine Gutenachtgeschichte vorlesen."

Oje – bloß nicht! Gwendolina hat Mama echt lieb, aber sie findet, Mama hat zwei Fehler:

Nie erlaubt sie ihr, nach dem Zähneputzen noch eine kleine Süßigkeit zu essen. Nicht mal die allerkleinste. Gwendolina könnte sehr gut einschlafen, wenn sie noch eine winzige Süßigkeit in ihrem Bett essen dürfte.

„Nein danke", sagt Gwendolina, immer noch beleidigt.

„Du schläfst ja doch nur wieder ein." Das nämlich ist Mamas zweiter Fehler. Ihr fallen beim Vorlesen die Augen zu und dann nuschelt sie so komisch.

Sind deine Eltern manchmal auch so müde, dass sie beim Vorlesen fast einschlafen?

Diesmal ist Mama beleidigt. „Na dann …", sagt sie, wirft die Hände in die Luft und geht zur Tür. „Dann wirst du dich wohl langweilen müssen."
Gwendolina denkt an Süßigkeiten. An sehr sehr süße Süßigkeiten. An Gummibärchen beispielsweise. Oder an Schokolade, die ist noch süßer. So süß wie die Schokoraspeln, mit denen der Weg bestreut ist, der mit einem Mal vor ihrem Bett beginnt. Gwendolina reißt die Augen auf. Der Weg führt durch ein Zuckerbrezeltor und über einen runden Platz bis in die weite Ferne.
Ob sie sich trauen soll … ?
Klar, traut sie sich, sie ist ja stark und mutig und sie braucht nichts und niemanden. Außer ein paar winzig kleinen Süßigkeiten vielleicht.

Gwendolinas nackte Füße sinken in den weichen Schokoraspeln ein, das ist lustig. Ab und zu bückt sie sich, greift sich eine Handvoll und … hmmm! Da sieht sie, dass die Grashalme am Wegrand aus leckersüßem Marzipan bestehen – wie Weihnachten ist das! Einen ganzen Strauß Marzipanhalme pflückt sich Gwendolina, bevor sie den Zaun aus lauter bunten Zuckerstangen entdeckt.

Ihr läuft das Wasser im Mund zusammen. Aber auf der Wiese hinterm Zaun steht ein Pfefferkuchenhaus, wie bei Hänsel und Gretel. Puhhh – Gott sei Dank schaut heute keine Hexe aus dem Fenster! Aber ist es nicht bewacht von lauter Riesen-Gummibären? Gwendolina hat es plötzlich eilig. Angst hat sie aber keine, denn Gwendolina ist stark und mutig. Nein, nein, da hinten auf dem Platz, da hat sie was gesehen, da will sie hin.

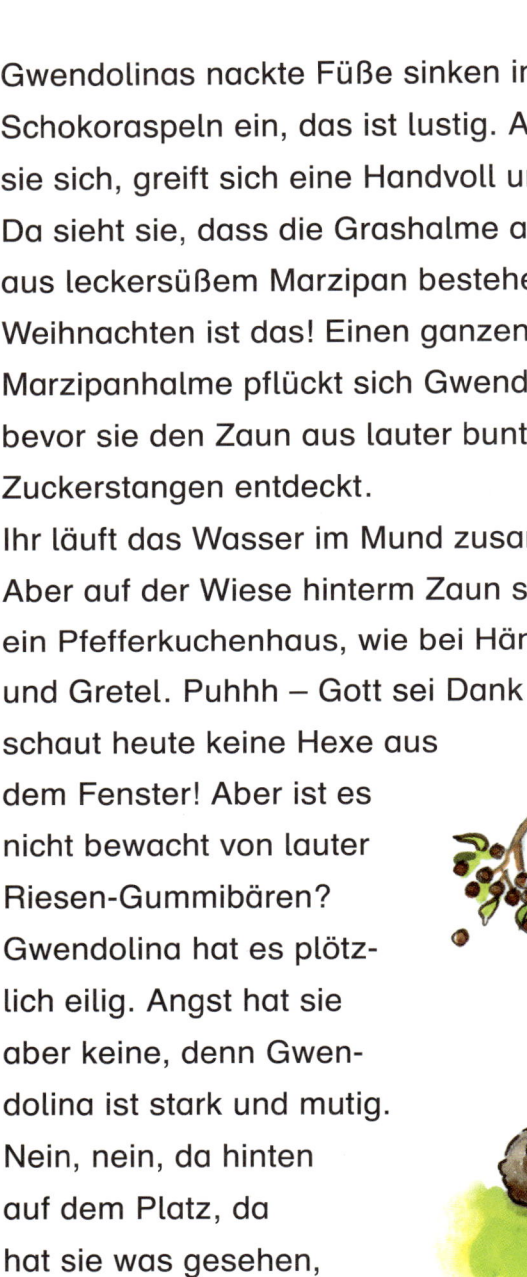

> Hast du eine Idee, wo Gwendolina in ihrem Traum ist?
> Was sind deine liebsten Süßigkeiten?

Sie läuft, so schnell es geht, den Weg entlang. Eigentlich watschelt sie aber wie eine Ente, denn die Schokoraspeln kleben zwischen ihren Zehen.

Dann hat sie es geschafft! Sie erreicht den kreisrunden Platz und staunt: Wie Tortenstücke liegen dort sechs Kinder auf dem Boden und schlafen. Mit weit geöffneten Mündern, als ob sie beim Zahnarzt wären.

Ein großer alter Baum streckt seine langen Äste über den Kindern aus. Wenn ein Windhauch kommt, regnen Bonbons von ihnen herab, direkt in die Münder der Kinder hinein. Es müssen schnell schmelzende Schokobonbons sein, sonst würden sich die Kinder ja verschlucken. Gwendolina betrachtet sich die Kinder aus der Nähe, eins nach dem andern. Sie findet, sie sehen blöde aus mit ihren offenen Mündern. Und wenn sie ganz nah rangeht, dann entdeckt sie sogar den einen oder andern schwarzen Zahn. Igitt! Die Kinder haben Hexenzähne!

Gwendolina will sie nicht mehr anschauen und außerdem ist ihr schon schlecht von all den Schokoraspeln und dem ollen Weihnachtsmarzipan. Es ist doch gar kein Weihnachten! Gwendolina möchte jetzt nach Hause. Der Schokoraspelweg sieht aber noch viel länger aus als auf dem Hinweg. Sie fängt zu weinen an. Da fällt ihr ein, dass sie ja stark und mutig ist und nichts und niemanden braucht. Die Tränen kullern trotzdem weiter.
In letzter Not senkt sich zum Glück vor ihr der fliegende Teppich aus dem Märchenbuch. Nur ist er jetzt mit tausend farbigen Zuckerperlen bestickt. Ob der sie trägt?
Hoch oben in der Luft gehts lustig zu. Die schönsten Schäfchenwolken sind zum Greifen nah und kleine Windböen spielen mit Gwendolinas langen Haaren. Sie lacht und rudert mit den Armen. Sie merkt gar nicht, wie sich ein, zwei, drei, viele Vögel nähern. Jetzt haben die Vögel was zu lachen, denn Zuckerperlen sind ihr Lieblingsfutter …

Am nächsten Abend schlüpft Gwendolina unter ihre Decke. Als ihre Mutter kommt, um ihr und den Stofftieren Gute Nacht zu sagen, ruft Gwendolina in die Runde: „Heut Abend wird nicht mehr gespielt! Es ist jetzt nämlich Schlafenszeit. Und keine Angst, langweilig wird euch sicher nicht, denn ich erzähl euch gleich vom Süßigkeitenland."
Gwendolina hat noch nicht einmal das Zuckerbrezeltor erreicht, da fallen ihr schon die Augen zu.

Warum will Gwendolina nicht länger im Süßigkeitenland bleiben?
Ist dir beim Einschlafen manchmal auch langweilig?
Was machst du dann?

Juri im Weltall

Es wird dunkel auf der Erde. Der Mond geht auf. Tausend Sterne leuchten am Himmel. Endlich ist es so weit! Juri trommelt seine neue Mannschaft zusammen.

 „Seid ihr bereit, mit mir zum Mond zu fliegen?", fragt er.

„Ja!", rufen alle, obwohl das heute ihre erste Reise ins Weltall ist.

„Ein Mondflug ist kein Spaziergang", sagt Juri.
Das weiß niemand besser als er. Juri hat nämlich schon jede Menge gefährliche Weltraumabenteuer überstanden.
Benni, Mascha und Leo nicken wild entschlossen. Juri merkt trotzdem, wie aufgeregt sie sind. Benni hüpft von einem Bein aufs andere. Maschas Mundwinkel zittern.

Und Leo sucht panisch seinen Fotoapparat. „Meine Kamera muss mit. Ohne meine Kamera geh ich nicht an Bord!"
Juri runzelt die Stirn. „Wir haben doch eine dabei. Wozu brauchst du eine zweite?"
„Um mich zu fotografieren", sagt Leo. „Ich im Raumanzug. Ich beim Einsteigen in die Rakete. Ich, wenn ich meinen Sicherheitsgurt anlege. Ich …"
„Schon gut", unterbricht Juri ihn. „Das reicht jetzt. Wir müssen los. Alle einsteigen!"
Benni ist am schnellsten. Mascha folgt ihm mit wackligen Knien. Leo hat seinen Fotoapparat doch noch gefunden.
Er hält sich die Kamera vors Gesicht und knipst drauflos.
Juri wird es zu bunt. „Wenn du in fünf Sekunden nicht eingestiegen bist, bleibst du zu Hause!"

Weißt du, wie man Leute nennt, die ins Weltall fliegen? Möchtest du das gerne auch mal machen?

Auf einmal hat es Leo furchtbar eilig, in die Rakete zu kommen.

Juri schließt die Luke, setzt sich ans Steuerpult und überprüft, ob alles in Ordnung ist. Dann sagt er: „Benni, drück den grünen Startschalter. Mascha, leg den langen Hebel um!"

Benni drückt auf einen gelben Knopf. „Alles klar!"

„Doch nicht den!", ruft Juri. „Den grünen musst du drücken, den grünen!"

„Ist ja total leicht!", sagt Benni und lacht.

Mascha braucht ewig, bis sie den Hebel umgelegt hat.

Endlich können sie starten.

Juri zählt laut: „Fünf, vier, drei, zwei, eins, null!"

Bei null schießt die Rakete in den Himmel hinauf. Die Astronauten werden in ihre Sitze gepresst. Die Rakete dröhnt, wird schneller und schneller. Dann ist es plötzlich ganz leise.

„Wir sind im Weltall!", sagt Juri.
„Jetzt können wir in der Rakete herumschweben wie Gespenster."

Leo löst seinen Gurt. Als seine Beine vom Boden abheben, zückt er seinen Fotoapparat und ruft: „Ich kann fliegen!"
Benni probiert inzwischen fröhlich ein paar Schalter aus. Plötzlich macht die Rakete einen Satz nach vorne.
„Was hast du denn jetzt wieder gemacht?", stöhnt Juri.
Benni lacht. „Ich weiß nicht. Die Schalter haben so schön geblinkt!"
Juri rauft sich die Haare. „Du rührst keinen einzigen Knopf mehr an, hast du verstanden? Ihr anderen auch nicht. Das ist ein Befehl, klar?"
„Klar!", sagen alle und sehen Juri betreten an.

Warum schimpft Juri?
Wie geht es den anderen, wenn Juri Befehle gibt?

Juri steuert die Rakete sicher durchs Weltall. Um ihn herum wird es still. Nur ab und zu blitzt Leos Kamera auf und Mascha zählt leise Sterne. Da saust ein großes gelbes Teil am Fenster vorbei.

 Hast du eine Idee, was am Raketenfenster vorbeigeflogen sein könnte?

Mascha wird blass. „Da…da…das war das Kussmonster! Ich habs genau gesehen."
 Juri schüttelt den Kopf. „Unsinn! Das war doch bloß eine Sternschnuppe."
Mascha beruhigt sich wieder. Bald wird der Mond größer. „Anschnallen, bitte!", ruft Juri. „Klarmachen zur Landung!"

Diesmal klappt alles. „Viel Spaß auf dem Mond!", sagt Juri. Aufgeregt klettern Leo, Benni und Mascha die Treppe hinunter. Der Boden ist voller Steine. Mascha setzt vorsichtig einen Fuß vor den anderen. Leo knipst schon wieder. Und Benni hüpft aufgeregt herum: „Ich bin auf dem Mond, juhuuu!"

„Sei mal still!", ruft Juri. „Ich bekomme gerade einen Funkspruch von der Erde rein … Was? … Wie? Das Kussmonster? Habe verstanden. Wir fliegen sofort zurück."

Mascha, Leo und Benni wollen unbedingt noch bleiben, doch Juri schüttelt energisch den Kopf. „Das geht nicht. Wir werden dringend gebraucht!"

Die Astronauten düsen zur Erde zurück und klettern schnell aus der Rakete. Da kommt das Kussmonster auch schon auf sie zugerannt.

„Huaaah, ich will küüsssen!", brüllt es und breitet seine gelben Arme aus.

„Umzingeln und festnehmen!", ruft Juri.

Zu viert stürzen sie sich auf das Monster. Es wehrt sich mit Händen und Füßen, aber die Astronauten sind stärker und fangen es ein. Juri ist wieder mal am mutigsten von allen. Kein Wunder, dass er deshalb die meisten Küsse abbekommt!

„Gib endlich auf, Papa!", ruft Juri. „Wir haben dich doch schon längst besiegt."

Papa lächelt. „Stimmt! Ich bin erledigt. Und ihr seid bestimmt auch müde, ihr großen Helden. Jetzt wird geschlafen!"

Juri gähnt. Doch bevor er schlafen geht, bekommt Papa noch einen extra dicken Astronautenkuss zurück. Benni, Leo und Mascha kuscheln sich an Juri und machen die Augen zu. Morgen wartet wieder ein neues Weltraumabenteuer auf sie.

Weißt du, wer das Kussmonster in der Geschichte ist?
Und wer sind Benni, Leo und Mascha?
Gibt es bei dir zu Hause auch ein Kussmonster?
Wer bringt dich ins Bett?

Der kleine Bär bleibt wach

„Ich will nicht schlafen!", brummt der kleine Bär. „Ich will hinaus in den Winter."
„Draußen ist es kalt und es gibt nichts zu fressen. Uaah …!", gähnt die Bärenmutter und legt die Tatze auf ihren Sohn. „Im Winter schlafen wir. Das ist nun mal so. Du bist müde wie alle Bären."
„Bin ich nicht", denkt der kleine Bär und tut so, als ob er einschläft. Aber er wackelt mit den Zehen und mit dem Schwanz. Er will nicht einschlafen wie letztes Jahr. Diesmal will er den Winter erleben.

Warum soll der kleine Bär schlafen?
Kennst du noch andere Tiere, die Winterschlaf halten?

Als er die anderen
Bären schnarchen hört,
krabbelt er unter der
Pfote seiner Mutter hervor
und tapst zum Ausgang
der Höhle. Draußen schneit es.
Der kleine Bär freut sich und
will die Schneeflocken fangen.
Er hüpft zwischen den Bäumen auf und ab.
Plötzlich merkt er, wie still es ist. Er schaut
sich um. Kein Tier ist zu sehen, keine Vögel zwitschern,
kein Wind rauscht. Auch der Bach nicht, nur das Eis darauf
knistert, wenn er seine Pfote daraufstellt. Der kleine Bär
wundert sich und muss gähnen. Er kommt an den Waldrand
und sieht, dass der Schnee eine dicke Glitzerdecke über
das Feld geworfen hat.

Ob da was drunter ist? Er schiebt seine Schnauze hinein
und prustet. Dann macht er einen Purzelbaum nach dem
anderen und kullert den Abhang hinab. Dort bleibt er liegen.
Er wird müde. Immer müder. Es wird dunkel und immer
kälter. „Nicht einschlafen", denkt der kleine Bär. Er hört
seinen Magen knurren. So laut knurrt er, dass es wehtut.
Auf einmal duftet es. Mitten im Winterfeld! Der kleine
Bär schnuppert. Er stellt sich auf und wackelt vor Freude
mit dem Po.

Dann beginnt er zu rennen, galoppiert dorthin, wo der Duft herkommt, und gelangt zu einem Dorf. Lichterketten hängen an den Balkonen, und es schimmert durch die Fensterläden. Der kleine Bär läuft schnuppernd durch die Straßen. Aus einem Haus riecht es nach Braten, aus einem anderen nach Hühnersuppe, aus einem dritten nach Zucker und Zimt.
Der Hunger des kleinen Bären wird immer größer.
Da sieht er am Ende der Straße ein besonders helles Licht. Ganz warm strahlt es. Beim Näherkommen hört er Musik und dann steht er in einem erleuchteten Garten.

Weißt du, warum in dem Dorf alles erleuchtet und geschmückt ist?

Der kleine Bär ist wie verzaubert. Ein Lichterbaum! – Im Haus ist noch einer! Und Lieder werden gesungen! Der kleine Bär tapst vorsichtig zum Fenster. Plötzlich tauchen zwei Gesichter hinter der Scheibe auf. Der kleine Bär erschrickt. Doch dann erkennt er Kinder, die ihm zuwinken. Es sind Amalia und Leander. „Bärenbesuch?!", staunen sie und öffnen das Fenster. „Willst du mit uns Weihnachten feiern?"

„Weihnachten?", denkt der kleine Bär, „kenne ich nicht."
Aber er weiß, zu einer Feier gehört immer gutes Essen. Und deshalb will der kleine Bär unbedingt Weihnachten feiern.
Als Amalia die Terrassentür öffnet und in ihre Stiefel schlüpft, steckt der kleine Bär den Kopf ins Haus und schnuppert. „Puh, ist das warm da!", denkt er. „Aber duften tut es, hmm! Lecker!"

Da kommt Leander mit Honigkuchen und zwei Laternen aus der Küche. "Wir feiern im Garten mit dir!"
Die Kinder tragen alles hinaus. Der kleine Bär stürzt sich auf den Honigkuchen. Mhm, ist der gut. Während er den Kuchen mampft, bauen Amalia und Leander für ihn einen Bären aus Schnee. Als der Schneebär fertig ist, zünden sie ihre Laternen an. "Unser Geschenk für dich!"
Satt, glücklich und müde lehnt sich der kleine Bär an den Schneebären. Er kaut den Rest Honigkuchen und blinzelt zum Licht. Schnee fällt und bald ist der kleine Bär genauso weiß wie der Schneebär.
Da kommen die Eltern. "Es ist Zeit zum Schlafen, Kinder."
Sie tragen die Kinder ins Haus. Amalia und Leander winken noch einmal zum Abschied. Dann wird es dunkel im Garten und still.

„Ich will auch zu meiner Familie", brummelt der kleine Bär und schüttelt sich den Schnee vom Fell. Er nimmt die Laterne, die er von den Kindern geschenkt bekommen hat. Dann stapft er den langen Weg zurück.
In der Höhle kuschelt er sich unter die Tatze seiner Bärenmutter. Er blinzelt zur Laterne, die immer noch leuchtet.
„Ich habe den Winter gesehen", denkt der kleine Bär. „Uaahh … und der ist gar nicht dunkel … Es gibt Kuchen, Lieder und Lichterbäume … Uahh …" – und schwups ist er eingeschlafen.

Was meinst du: Wovon träumt der kleine Bär wohl?
Was machst du gerne im Winter? Kannst du dir vorstellen, dass es im Winter in einer Höhle warm und gemütlich ist?

Peppino kann nicht einschlafen

„Juchuuu!" Peppino hat es geschafft. Die rote Clownsnase hält auf seiner Stupsnase. Sie kullert nicht mehr herunter, wenn er den Kopf zwischen die Knie schiebt oder einen Handstand macht. Sie fliegt auch nicht davon, wenn er den Kopf ganz wild schüttelt. Morgen darf er endlich in die Manege!

„Ich muss gut ausgeruht sein", denkt Peppino und ist mit einem Satz im Bett. Doch seine Beine wollen herumhüpfen. Auch wenn er sie festhält. Er kocht Melissentee mit Honig. Dann zählt er die Streifen an der Zirkuswagenwandtapete. Er zieht die dicke Decke über seinen Kopf. Aber einschlafen kann Peppino nicht.

Er sieht aus dem Fenster: Alle Lichter im Zirkus sind aus. Nur der Mond lässt die Dächer der Wohnwagen silbrig schimmern und macht die Schatten blau.

Alles ist ganz ruhig. Die Raubtiere liegen im Heu. Die Affen hüpfen nicht mehr herum. Der Papagei hat seinen Kopf unter den Flügel gesteckt und der Löwe hat die Augen zu.

„Alle können schlafen, nur ich nicht!", seufzt Peppino
und grübelt. Es muss einen Trick geben. „Der Zauberer!",
fällt ihm ein. „Ja, der kennt sich mit Tricks am besten aus!"
Peppino zieht die Stiefel an und geht zum Wagen des
Zauberers. Er zupft ihn am Schlafanzugärmel. So lange,
bis der Zauberer wach ist.
„Ich bin so aufgeregt. Weißt du einen Trick, wie ich einschlafen kann?", fragt er.
„Leg dich einfach wieder hin", murmelt der Zauberer. Dann
dreht er sich um und schnarcht weiter.
Enttäuscht stapft Peppino hinaus und lässt hinter sich die
Tür ins Schloss fallen. Er lauscht, ob noch jemand wach
ist. Aber er hört nichts. Nur das Zirkuszelt flattert ganz leicht.

Wieso kann Peppino nicht einschlafen?
Ist es dir auch schon mal so ergangen? Warum?

„Ich frage den Elefanten", denkt Peppino. „Er ist mein Freund."

Der Elefant liegt im Heu und atmet tief. „Wach auf!", flüstert Peppino leise. Dann ruft er lauter und noch lauter, aber sein Freund macht keinen Mucks. Erst als Peppino auf seinen Rücken klettert, hebt der Elefant seinen Rüssel und trötet los, so laut, dass Peppino vor Schreck auf die Erde purzelt. „Du schläfst aber fest. Wie machst du das?"

 „Ich zupfe mich immer am Ohr", schnauft der Elefant. „Das beruhigt. Gute Nacht, Peppino."

Peppino zupft sich am Ohr. Auch am anderen. Aber er wird kein bisschen müde. Dafür hört er es jetzt von überall rascheln. Auch aus der Box seines Lieblingspferdes.

„Boreana, bist du wach?"

 „Uhuhuhuiii", wiehert Boreana und schüttelt die Mähne.

„Was machst du, um einzuschlafen?"

„Im Stroh scharren, bis es weich ist."

 Welche Ratschläge bekommt Peppino vom Elefanten und vom Pferd? Was tust du, wenn du nicht schlafen kannst?

Peppino rollt die Augen. „Aber mein Federbett ist doch weich." Er sieht zur Wolke, hinter der sich gerade der Mond versteckt. Dabei stolpert er über den Schlangenkorb.

 „Mach den Korb zu, aber schnell!", zischt die Riesenkobra und blinzelt gefährlich.

„Entschuldigung! Ääh … kannst du mir sagen, wie man einschläft?", fragt Peppino.

„Trottel! Dunkel muss es sein." Die Kobra rollt sich zusammen. Schnell wirft Peppino den Deckel zu. Puh, die hat aber schlechte Laune.

 „Psst!", hört er auf einmal den Schimpansenvater, der seinem Baby kleine Küsse auf die Nase schmatzt. „Nimm was in den Arm, dann kannst du einschlafen."

Peppino denkt an seine Clownspuppe im Wagen und schlendert weiter. Im nächsten Käfig streckt sich der Löwe. „Kannst du auch nicht schlafen?", fragt Peppino.

 „Uahhh … bei diesem Lärm?"

Und wirklich, jetzt hört Peppino es. Überall in den Käfigen scharrt und scheppert es, ruckelt und rüttelt es.

„Ruhe!", schallt es aus dem Wagenfenster des Zirkusdirektors. „Was ist das für ein Krach? Mitten in der Nacht!"

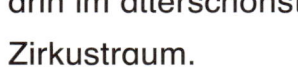 „Bloß weg!", denkt Peppino und schleicht zu seinem Wagen. Da knurrt der Löwe hinter ihm her: „He du! Mit einer Nase auf der Nase könnte ich auch nicht schlafen."

„Aaaah!" Peppino rollt die Augen, nimmt seine rote Clownsnase ab und holt tief Luft. „Das ist es! Danke!" Schnell huscht er zu seinem Wagen, schlüpft aus den Stiefeln und klettert in sein Bett. Warm ist es, dunkel, weich und gemütlich. Peppino nimmt seinen Clown in den Arm, rollt sich zusammen und zupft sich ein wenig am Ohr. Dann schließt er die Augen. Er sieht die Manege vor sich. Trompeten ertönen: „Tatatataaaa!"

„Wie schön!", denkt Peppino noch. Und schon ist er mitten drin im allerschönsten Zirkustraum.

Der Löwe hat einen guten Einschlaftipp für Peppino.
Welchen? Kann der Clown jetzt schlafen?
Und was ist mit den Tieren?

Monster – gibt es nicht!

Mama bringt Anton ins Bett. Es ist seine erste Nacht in der neuen Wohnung. Das Fenster ist gekippt, damit frische Luft reinkommt. Alles riecht noch ein bisschen neu. Im Zimmer stehen viele Kartons mit Antons Sachen.
„Soll ich die kleine Lampe anlassen, Anton?", fragt Mama.
Früher hat Anton oft Angst vor Monstern gehabt.
Anton schüttelt den Kopf.
„Es gibt keine Monster", sagt Mama, „auch in der neuen Wohnung nicht."
Sie deckt ihn und Bubu, seinen Kuschelbären, zu.
„Gute Nacht! Schlaft schön!"
Sie gibt Anton und Bubu ein Küsschen.
Anton liegt in seinem neuen Zimmer und lauscht. Er hört seine Eltern unten reden; irgendwo bellt ein Hund. Vor dem Fenster bewegen sich Zweige. Es ist sehr dunkel.
Anton lauscht.

Was ist das? Etwas Großes nähert sich. Er sieht es nicht, aber es muss groß sein, weil es so laut ist. Es brummt und rumpelt und knurrt und plötzlich wird es erst hell und dann huscht es schwarz durchs Zimmer, genau auf ihn zu. „Schnell, versteck dich, Bubu!", ruft Anton und duckt sich mit Bubu unter die Decke. Durch einen Spalt sieht er das riesige Etwas, wie es durch die Wand verschwindet.
„Es ist weg, Bubu. Du musst keine Angst haben", flüstert Anton, aber er bleibt mit Bubu unter der Decke. „Es gibt keine Monster!"
Anton lauscht. Vorsichtig zieht er die Decke vom Kopf und drückt Bubu ganz fest an sich. Anton guckt in alle Richtungen, nur mit den Augen, ohne sich zu bewegen.
„Siehst du, Bubu. Es gibt keine Monster. Wir müssen Mama gar nicht rufen."

Aber da hört er schon wieder etwas. Es kommt näher und näher und rumpelt und brummt ganz laut.
„Keine Angst, Bubu", flüstert Anton. „Du bist nicht allein.
Ich bin bei dir, wir sind zusammen. Uns kann keiner was tun.
Ich halte dich ganz doll fest!"
Aber da ist das schwarze Etwas schon im Zimmer.
Blitzschnell ist Anton mit Bubu wieder unter der Decke.
Er hört Bubus Herz schlagen.
„Keine Angst, Bubu", flüstert er so leise, dass nur Bubu es hört. „Du weißt doch, es gibt keine Monster!"
Das schwarze Etwas verschwindet in der Wand. Dann ist es ganz still im Zimmer. Nur ein Hund bellt in der Ferne.

Was meinst du, wer mehr Angst hat? Anton oder Bubu? Warum glaubst du das?

Es ist warm unter der Decke. „Schwitzt du auch, Bubu? Dann komm raus. Wir müssen uns doch nicht verstecken! Hier ist nichts, wovor wir Angst haben müssen! Soll ich das Licht anknipsen?"

Anton redet mit seinem Kuscheltier und wird dadurch immer mutiger.
Was machst du, wenn du alleine bist und Angst hast?

Langsam streckt Anton einen Arm aus, aber er kommt nicht an die Lampe heran. Er müsste sich noch ein bisschen mehr aus dem Bett lehnen. Da bellt der Hund wieder und im Nu ist Antons Hand unter der Decke.
„Ach, es geht auch ohne Licht, Bubu. Wir sind doch keine Babys mehr!"
Anton liegt auf dem Rücken und macht die Augen weit auf.
„Wenn man lange genug in die Dunkelheit guckt, wird die Dunkelheit heller. Merkst du auch, dass es schon viel heller wird, Bubu?"

Aus der Ferne kommt wieder etwas auf sie zu. Diesmal hört es sich so an wie eine Riesenbiene. Oder eine Riesenwespe? Es wird lauter und lauter.

„Wir tun einfach so, als hören wir sie nicht", flüstert Anton. Er stopft Bubu schnell unter die Decke und hält sich die Ohren zu.

Der Schatten huscht durchs Zimmer und verschwindet wie die anderen beiden Schatten hinten in der Wand.

Langsam nimmt Anton die Hände von den Ohren. Er hebt die Decke an. „Komm raus, Bubu! Es reicht jetzt. Es gibt keine Monster!"

Noch ein fremdes Geräusch. Anton hört jetzt genau, dass es draußen auf der Straße ist.

„Hast du noch Angst, Bubu?"

Das Geräusch bricht ab. Ein Knall! Anton fährt zusammen.

„Mensch Bubu, hab ich mich jetzt erschreckt!"

Anton drückt seinen Kuschelbären ganz fest an sich. Dann springt er mutig aus dem Bett. Er knipst die Lampe an und rennt zum Fenster. Da steht ein Auto.
„Oma!"
Oma hat die Autotür zugemacht, schwungvoll, wie immer. Daher der Knall. Oma geht ins Haus.
Anton holt tief Luft: „Es sind nur Autos, Bubu! Hab ich doch gleich gewusst! Guck mal. Da kommt noch eins. Siehst du die Scheinwerfer? Die Lichter werfen riesige Schatten an die Wand. Das sind keine Monster. Und jetzt mach ich das Fenster zu. Hörst du, wie still es ist?"
Anton wirft Bubu in die Luft und fängt ihn wieder auf. Dann hört er Schritte. Omas Schritte.
Oma kommt ins Zimmer. „Ich habe noch Licht bei dir gesehen. Da wollte ich dir noch schnell Gute Nacht sagen. Na, wie geht es meinem Schatz in der neuen Wohnung?"
„Gut!", sagt Anton und hüpft auf dem Bett herum, dass die Sprungfedern quietschen. „Nur Bubu hatte zuerst ein bisschen Angst. Aber ich habe ihn beruhigt."

Woher kommen die Schatten und Geräusche?
Fürchtest du dich auch manchmal vor Dingen, die sich später als harmlos herausstellen?

Meuterei im Kinderzimmer

„Also wirklich", ruft Carlotta, „so geht das mit euch nicht weiter."

Sie sitzt oben auf dem Hochbett, unter ihr herrscht großes Chaos. Wild verstreut im Kinderzimmer liegen die Puppen Tim und Bella, Kuscheltiere, Teddybären, Burgfräulein und starke Ritter. Alle sehen beleidigt aus.

„Also wirklich", sagt sie noch mal, „macht mal Platz hier, aber schnell. Morgen habe ich Geburtstag und ihr wisst doch, was das heißt: ganz bestimmt ein Reiterhof. Der muss hier schließlich auch noch rein."

Ihre Mutter kommt ins Zimmer.
„Na, Carlotta", sagt sie fröhlich,
„morgen wird mein Schätzchen
fünf. Bist du schon sehr aufgeregt?"
„Nö", sagt Lotta, „aber, Mama?
Ich will kein Nachtlicht mehr.
Nachtlichter sind Kinderkram."
Mama sieht sie lächelnd an.
„Bist du dir da auch ganz sicher?"
Klar ist sich Carlotta sicher, die Sophie im Kindergarten
schläft ja längst schon ohne Licht. Das behauptet sie zumindest.
„Wenn du meinst", sagt ihre Mama, „dann probiers doch
einfach aus."
Als sie quer durchs Zimmer geht, stolpert Mama über Bella,
und ihr Blick wird plötzlich strenger. „Also Lotta, wirklich,
schäm dich – was für eine Unordnung! Morgen früh räumst
du hier auf, erst danach gibts die Geschenke. Gute Nacht
und träum was Schönes."

Findest du Lottas Mama zu streng?
Kannst du dein Zimmer schon alleine aufräumen?

Einschlafen? Ist kein Problem! Nicht, wenn man schön träumen kann. In der Dunkelheit des Zimmers sieht Carlotta Pferd und Reiter, Reitkappen und Sattelzeug, Futtertröge, Stall und Heu und sich selbst durch Wiesen reiten.
Doch nach stundenlangem Ritt wacht Carlotta plötzlich auf, weil ihr Mund so trocken ist. Denn wer reitet, wird auch durstig. Um sie her ist alles finster. Tastend, ganz, ganz vorsichtig klettert sie die sechs Sprossen ihres Hochbettes hinunter.

„Au!!!!!", schreit es da plötzlich laut. „Dieses große, schwere Kind ist doch glatt auf mich getreten, hat mich um ein Haar zerquetscht!"

„Ach, Sie armes Burgfräulein, das tut mir ja schrecklich leid. Lotta ist in letzter Zeit furchtbar rücksichtslos geworden", jammert Bella unterm Bett. „Ich lieg hier seit Tagen schon auf dem kalten Boden rum, immer in den gleichen Kleidern."

Und die Teddys brummen im Chor: „Uns hat Lotta auch vergessen, dabei müssen wir zum Doktor. Einem von uns fehlt ein Ohr und die Tatzen tun so weh."

„Und mich sieht sie auch nicht mehr", ruft der Puppenjunge Tim, „dabei war ich in den letzten Wochen eindeutig ihr Lieblingskind. Wird noch viel, viel schlimmer werden, wenn sie morgen zum Geburtstag diesen blöden Reiterhof bekommt. Wozu braucht sie noch mehr Pferde? In der Burg stehen doch so viele und mit denen spielt sie nie."

Lotta glaubt, sie hört nicht richtig. Zitternd steht sie vor der Leiter. In dem schwachen Mondenschein, der durch einen Spalt in der Gardine in ihr Kinderzimmer fällt, sieht sie undeutlich, verschwommen, wie ihr Spielzeug sich bewegt. Wie es spricht und ruft und schreit, so als obs lebendig wäre. Oder ist es das vielleicht?

Warum beschweren sich Lottas Puppen und Bären?

„Liebe Bella …", fängt sie an, „ich kann dir das erklären …", aber Bella hört sie nicht. Die klagt gerade Misses Judy, der vergnügten Affendame, tränenreich ihr großes Leid.

„Tim", versucht es Lotta jetzt, „ich hab dich noch immer lieb."
Doch auch Tim hört nicht auf sie. Er sitzt auf dem Schaukelpferd und haut wütend auf die Trommel. „Aufstand!", ruft er gellend laut, „Meuterei im Kinderzimmer!"

Lotta kriegt es mit der Angst. „Mama!", schreit sie, „Papa! Schnell! Hier ist es so schrecklich dunkel und die Puppen werden wild. Mama, Papa, kommt doch schnell!"

Lottas Papa kommt ins Zimmer. „Lottchen, du hast schlecht geträumt. Wieso brennt dein Nachtlicht nicht? Hier ist es ja furchtbar finster." Schnell knipst er die Lampe an.

„Lotta wollte ausprobieren, ob es auch mal ohne geht."

Lottas Mama kommt herein. Zwinkernd sieht sie Lotta an. „Weißt du eigentlich, Carlotta, dass auch Papa besser schläft, wenn es nicht stockdunkel ist?" Lotta sieht, wie Papa grinst. Dann sagt Mama in die Runde: „Meine Damen, meine Herren, jetzt ist aber Schlafenszeit. Morgen ist ein großer Tag!"

Lotta greift nach Tim und Bella, klettert schnell ins Bett zurück und drückt sie ganz eng an sich. „Ja", ruft sie und klingt erleichtert, „morgen bin für euch da!" Mama deckt sie noch fest zu, dann gehen sie und Papa schlafen. Nur das Nachtlicht leuchtet noch.

Hat Lotta wohl geträumt oder sind ihre Spielsachen wirklich lebendig geworden?
Was machst du, wenn du schlecht träumst?

Wettstreit der Lichtprinzessinnen

„Jetzt pass mal auf", sagt Toni und sieht so wichtig aus wie immer, wenn sie Mathilda zeigen will, wer hier bei ihnen bestimmt.

„Von mir aus spielen wir noch was. Damit du besser schlafen kannst. Aber nur, wenn du …"

Sie sitzt stolz wie eine Königin im Bett und streicht zufrieden ihre Decke glatt.

Mathilda möchte schrecklich gern noch spielen, denn niemand auf der Welt weiß schönere Spiele als ihre große Schwester Toni.

„Na gut", sagt sie und beißt die Zähne fest zusammen, „was muss ich diesmal tun?"

„Nichts musst du tun", ruft Toni, springt aus dem Bett und drückt Mathilda eine Taschenlampe in die Hand.

„Knips die mal an. Und wenn du Mama kommen hörst, machst du sie ganz schnell wieder aus, denn eigentlich musst du längst schlafen."

Spielst du manchmal auch heimlich noch ein bisschen, wenn du schon schlafen sollst? Was spielst du dann?

Dann hüpft sie rasch ins Bett zurück und schaltet ihre eigene Taschenlampe an. Die Lichtkegel der Lampen springen an die Decke des Kinderzimmers und wandern dort entlang.
„Du musst nichts tun", sagt Toni wieder, „wir tauschen nur mal schnell die Namen. Wir sind zwei Lichtprinzessinnen und ich bin jetzt Mathilda. Du kannst Prinzessin Toni sein, das ist doch auch mal lustig, oder?"
Mathilda denkt erst einmal nach. Ob es gemein ist, was Toni da von ihr verlangt?
„Warum willst du Mathilda heißen?", fragt sie misstrauisch.
„Weil!" Toni lacht und schon beginnt das Spiel.
Die beiden Lichtprinzessinnen bewohnen ein luftiges Schloss aus zartem Mond- und Sonnenlicht. Die Himmelssterne sind die Diener. Doch es gibt Feinde, böse Ungeheuer, die wollen die Lichtprinzessinnen rauben.

Toni wirft mit den Händen Schattenmonster an die Wand und lässt sie knurren, winseln, fauchen. Aber die Lichtprinzessinnen sind schneller. Biegsam entziehen sie sich den Ungeheuern und fliehen auf den Lichtstrahlen, bis sich ganz feiner Sternenstaub auf ihre Augenlider senkt. Die beiden Königstöchter schlafen ein.

> Schläfst du allein oder mit jemand anderem zusammen in einem Zimmer? Wie gefällt dir das?

„Oh bitte, bitte, spielen wir wieder?" Am nächsten Abend hüpft Mathilda ungeduldig auf ihrem Bett herum.
„Gut, meinetwegen." Toni grinst. „Wir spielen, dass die beiden Lichtprinzessinnen einen riesengroßen Schatz besitzen, der aus den allerschönsten Sternschnuppen besteht. Aus goldenen natürlich. Und ich, die ältere Prinzessin, besitze eine mehr als du, Prinzessin Toni."

„Nein!", ruft Mathilda ganz erbost. „Immer willst du die Tollere sein! Das sag ich Mama!"

„Was hast du denn", sagt Toni. „Ist doch nicht weiter schlimm, bei Hunderttausenden von Sternschnuppen! Und wenn du's Mama sagst, dann schimpft sie nur, denn eigentlich sollst du ja längst schon schlafen."

Mathilda wird ganz rot, sie überlegt, dann nickt sie widerwillig. „Okay. Na gut. Und wer bewacht den Schatz?"

„Ein goldener Drache, ist doch klar. Die bösen Zwerge hier im Lichterreich sind nämlich schon ganz wild auf unsere Sternschnuppen. Komm, schnell, knips deine Taschenlampe an!"

Und schon beginnt ein gnadenloser Kampf um hunderttausend Sternschnuppen. Die Lichtkegel der Taschenlampen flitzen geschäftig hin und her, vertreiben die Zwerge, jagen sie und nehmen sie gefangen.

„Ich bin total k.o.", sagt Toni schließlich gähnend. Mathilda hört sie gar nicht mehr, sie ist schon eingeschlafen.

In dieser Nacht träumt sie, dass ihr von hunderttausend Sternschnuppen nur eine einzige geblieben ist. Die anderen hat alle Toni.

„Los, los, mach schnell! Die Schlacht geht heute Abend weiter." Toni sieht nach, ob draußen im Flur die Luft rein ist, dann schaltet sie das Licht im Kinderzimmer aus und knipst die Taschenlampe an. Aber Mathilda rührt sich nicht.

„Was ist, mach schon!", ruft Toni ärgerlich. „Jetzt wollen die Riesen unsern Schatz!"

„Nö – keine Lust. Ich weiß ein schöneres Spiel."

Mathilda liegt im Bett und hat die Augen fest geschlossen.

„Heut Nacht, da fliege ich auf meiner Sternschnuppe ins Regenbogenreich der hunderttausend Farben. Der Prinz dort hat mich eingeladen, weil er so schrecklich einsam ist. Er möchte, dass ich mit ihm spiele. Na dann, bis morgen Toni."

„Halt, wart auf mich!", ruft Toni. „Ich komme mit, ich kann doch meine kleine Schwester nicht alleine reisen lassen."

Mathilda setzt sich gerade hin und streicht so stolz wie eine Königin und sehr zufrieden ihre Decke glatt.

„Gut, meinetwegen. Aber nur, wenn wir mal schnell das Alter tauschen. Diesmal bist du fünf Jahre alt und ich bin sieben. Und rat mal, Toni, wer bestimmt!"

Toni will gerade wütend werden, da muss sie plötzlich lachen. „Okay", sagt sie, „natürlich du! Das gilt aber nur fürs Land des Regenbogenprinzen."

Hast du eine Taschenlampe? Weißt du, wie Toni und Mathilda es schaffen, die Schattenmonster an der Wand entstehen zu lassen? Versuch das doch selbst mal!

 ## So macht Vorlesen Spaß!

Hier haben wir die besten Tipps für den größtmöglichen Vorlesespaß zusammengestellt:

■ **Nicht hetzen lassen.** Achten Sie beim Vorlesen auf eine ruhige, gemütliche Atmosphäre. Wer sich beim Zuhören an den Vorleser ankuscheln kann, dem fällt das Abtauchen in die Geschichte viel leichter. Wie viel Sie vorlesen, wie schnell, wie viele Pausen nötig sind, das sollte nach Möglichkeit immer Ihr Zuhörer bestimmen.

■ **Geschichtenauswahl.** Kindern macht Zuhören am meisten Spaß, wenn sie sich die Geschichte selbst aussuchen dürfen – zum Beispiel mithilfe des bebilderten Inhaltsverzeichnisses. Übrigens werden Sie im Laufe der Zeit beobachten, dass Ihr Kind in gewissen Situationen oder Stimmungen ganz bewusst bestimmte Geschichten auswählt, weil sie es ihm erleichtern, von Selbsterlebtem zu erzählen.

■ **Schauspieler gesucht.** Beim Vorlesen sind Ihre schauspielerischen und komödiantischen Fähigkeiten gefragt! Arbeiten Sie mit Gestik und Mimik, passen Sie Ihre Stimme den verschiedenen Figuren der Geschichte an und versuchen Sie, die Geschichte so zu lesen, dass deutlich wird, wer wann spricht!

■ **Kinder mitreden lassen.** Ein guter Vorleser kommt mit seinen Zuhörern nicht nur verbal, sondern auch emotional über den Text ins Gespräch. Eine gute Einstiegshilfe hierfür bieten die Angebote in den blauen Fragekästen.

Hier kommt neues Vorlesefutter!

20 fantasievolle Geschichten sorgen für noch mehr Vorlesespaß mit dem Lesedetektiv. Mit beliebten Themen wie Selbstständigwerden, Mut oder Rollentausch.

160 Seiten, gebunden
ISBN 978-3-411-73441-2

Leseförderung mit System

Der Lesedetektiv begleitet auch Grundschulkinder beim Lesenlernen. Mit mit spannenden Fragen zum Text und Detektivwerkzeug zum Entschlüsseln der Rätsel!

1. Klasse

- Eine Pizza für Sophie • ISBN 978-3-411-80951-6
- Das verschwundene Geschenk • ISBN 978-3-411-80846-5
- Klarer Fall für Anna Blum! • ISBN 978-3-411-71076-8
- Finn und Lili auf dem Bauernhof • ISBN 978-3-411-70782-9
- Eine unheimliche Nacht • ISBN 978-3-411-70788-1
- Franzi und das falsche Pferd • ISBN 978-3-411-70790-4
- Ein ganz besonderer Ferientag • ISBN 978-3-411-70795-9
- Amelie lernt hexen • ISBN 978-3-411-70804-8
- Die Schildkröte im Klassenzimmer • ISBN 978-3-411-70814-7
- Ein Bär reißt aus • ISBN 978-3-411-70815-4
- Neue Nachbarn für Ole • ISBN 978-3-411-70820-8

**Je Band
32 Seiten, gebunden**

Alle Bände der Klassenstufen 2 bis 4 finden Sie unter **www.lesedetektive.de**